100

infos à connaître

LES MOMIES

100
infos à connaître
LES MOMIES

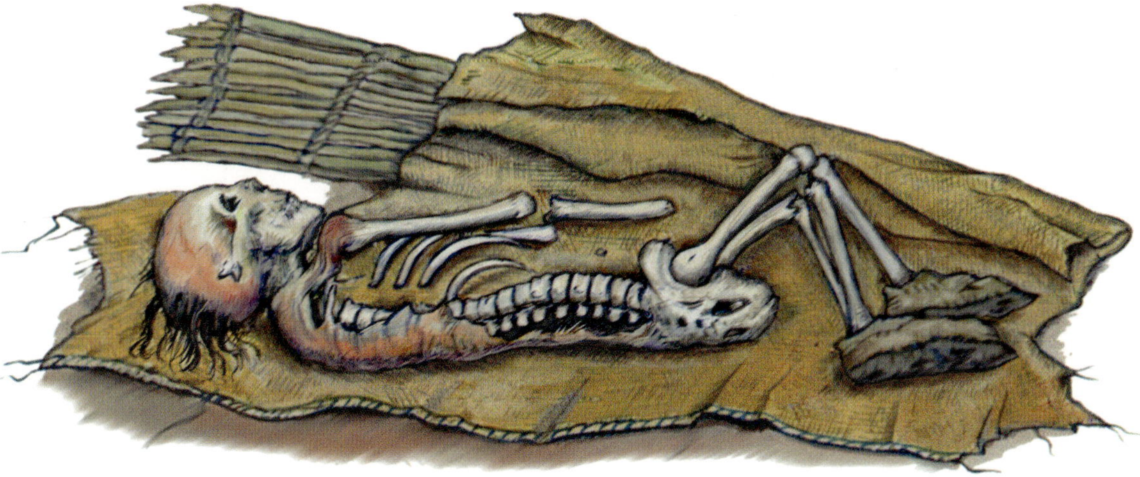

John Malam
Consultant : Fiona MacDonald

Piccolia

Techniparc
Z.A.E. de la Noue Rousseau
5, rue d'Alembert
91240 Saint-Michel-sur-Orge
Dépôt légal : 3e trimestre 2007
Loi n°49-956 du 16 juillet 1949
sur les publications destinées à la jeunesse.
Imprimé en Chine.

Remerciements aux artistes qui ont contribué
à l'élaboration de ce titre :
Jim Eldridge
Mike Foster
Colin Livingston
Patricia Ludlow
Carlo Pauletto
Mike White
Page 12 Christophe Boisvieux/Corbis Page 13 Photolibrary Group LTD
Page 14 Topham Picturepoint TopFoto.co.uk
Page 16 The British Museum/HIP/TopFoto.co.uk
Page 28 TopFoto.co.uk Page 29 Topham Picturepoint TopFoto.co.uk
Page 32 Topham Picturepoint TopFoto.co.uk
Page 36 Werner Forman Archive/The Greenland Museum
Page 38 Topham Picturepoint TopFoto.co.uk/Charles Walker/TopFoto.co.uk
Page 39 Fortean/Trottmann/TopFoto.co.uk Page 40 Remigiusz Sikora/epa/Corbis
Page 41 Charles Walker/TopFoto.co.uk/Roger-Viollet/TopFoto.co.uk
Page 42 TopFoto.co.uk Page 43 John Malam/TopFoto/Fotean/TopFoto.co.uk;
Page 44 Topham Picturepoint TopFoto.co.uk
Page 45 Topham Picturepoint TopFoto.co.uk/TopFoto/HIP/TopFoto.co.uk
Page 46 RIA Novosti/TopFoto.co.uk Page 47 Topham Picturepoint TopFoto.co.uk
Castrol/Corel/digitalSTOCK/digitalvision/John Foxx/PhotoAlto/
PhotoDisc/PhotoEssentials/PhotoPro, Stockbyte

Sommaire

Qu'est-ce qu'une momie ?

1 Une momie est un cadavre qui ne s'est pas décomposé.
Il existe deux sortes de momies : les momies naturelles, corps préservés par la glace, la sécheresse ou les inondations, et les momies artificielles élaborées de différentes façons. Les momies artificielles les plus connues sont celles de l'Égypte ancienne. Le terme « momie » vient du persan : il y a très longtemps, des voyageurs venant de Perse (Iran actuel) croyaient que les cadavres égyptiens étaient momifiés avec une substance noire collante appelée bitume qui se dit « mummia » en persan. Ce mot est resté dans la langue française.

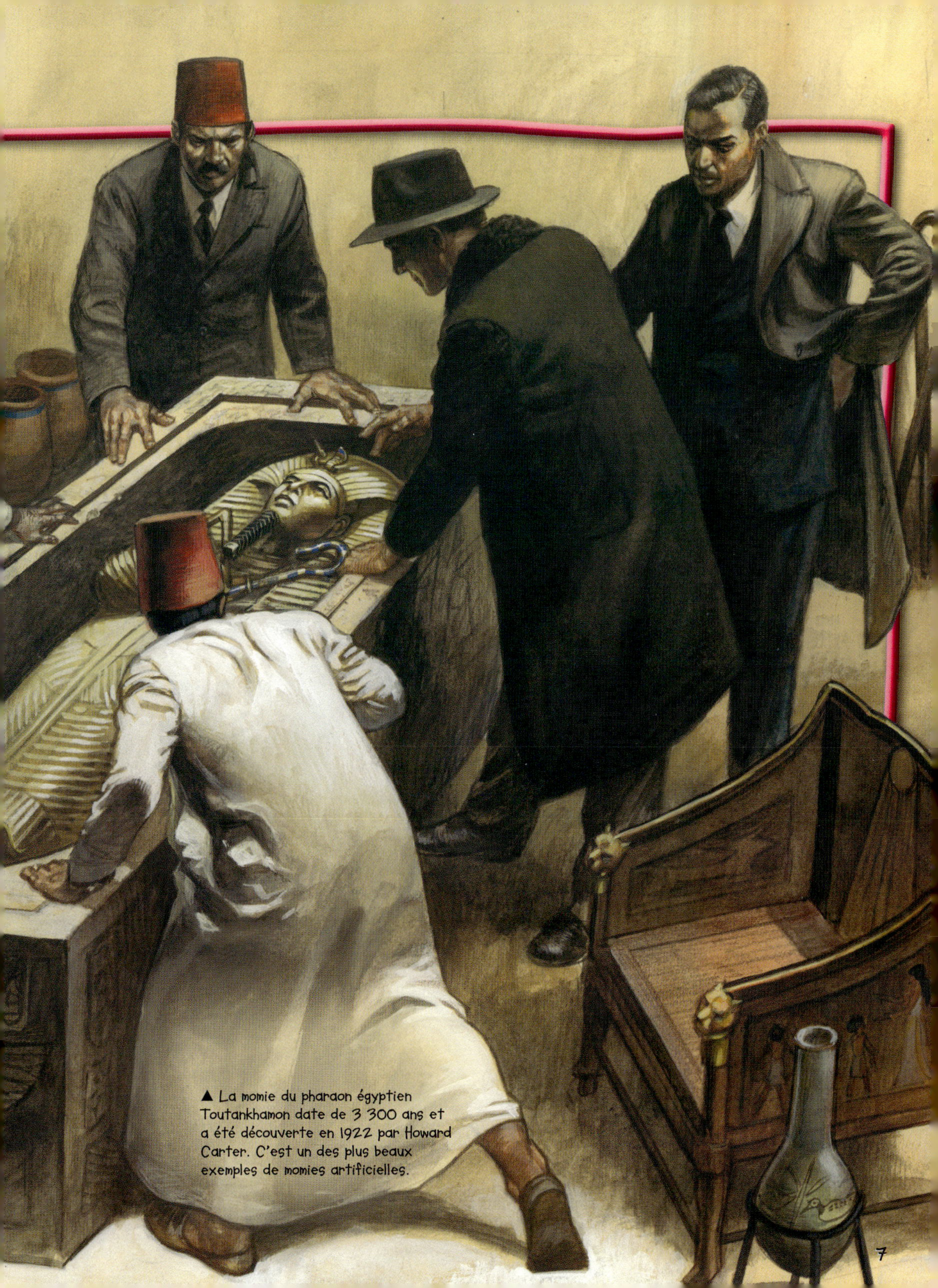

▲ La momie du pharaon égyptien Toutankhamon date de 3 300 ans et a été découverte en 1922 par Howard Carter. C'est un des plus beaux exemples de momies artificielles.

Les premières momies

2 Les premières momies artificielles viennent du peuple chinchorro d'Amérique du Sud et remontent à 7 000 ans. Ce peuple tire son nom d'une région chilienne où les scientifiques ont découvert les traces de vie des Chinchorros. C'était une population de pêcheurs qui vivaient en petites communautés le long des côtes de l'océan Pacifique.

▼ Un masque d'argile était parfois placé sur le visage des momies chinchorros.

QUIZ

1. Où vivait le peuple chinchorro ?
2. De quoi était recouverte la momie pour lui donner une forme humaine ?
3. Pendant combien de temps les Chinchorros momifièrent-ils leurs morts ?
4. Quand furent découvertes les premières momies ?

1. Au Chili, en Amérique du Sud. 2. De la boue blanche. 3. Pendant 3 000 ans. 4. En 1917.

3 Il semblerait que les Chinchorros momifiaient les corps car ils croyaient en l'existence d'une vie après la mort. Ils essayaient de donner aux momies une apparence aussi vivante que possible. Peut-être pensaient-ils que les morts pouvaient revivre si leur corps était préservé.

4 Pour faire une momie, les Chinchorros ôtaient d'abord les organes internes du corps. Ils laissaient sécher les os débarrassés de la peau et des chairs. Des bâtons étaient ensuite fixés aux os des jambes, des bras et de la colonne vertébrale pour les maintenir ensemble. Une boue blanche était répartie sur le squelette pour lui redonner forme humaine. La peau du visage était remise en place et des portions de peau étaient ajoutées sur le corps. Une fois la boue sèche, elle était peinte en noir ou en rouge.

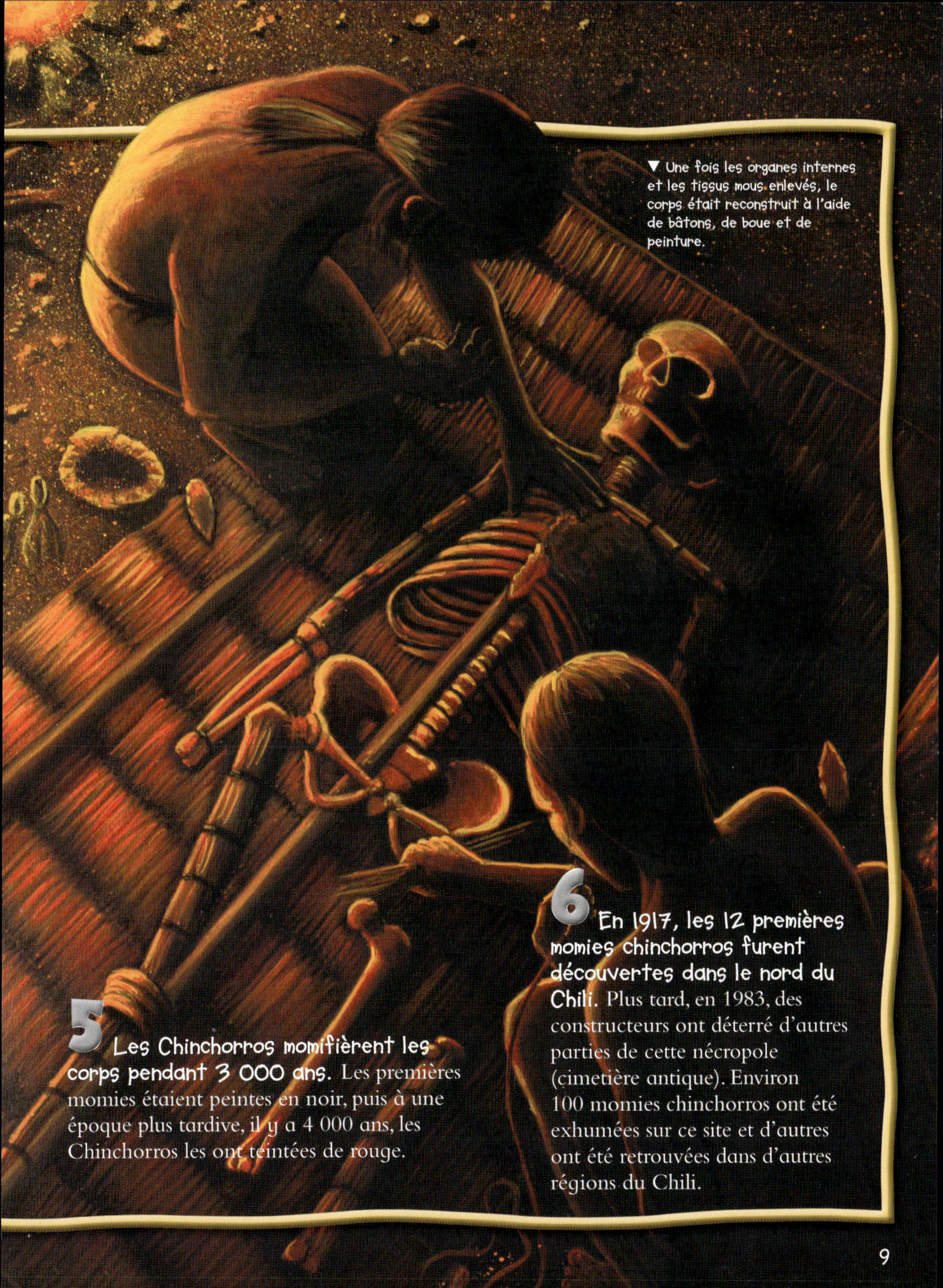

▼ Une fois les organes internes et les tissus mous enlevés, le corps était reconstruit à l'aide de bâtons, de boue et de peinture.

5 Les Chinchorros momifièrent les corps pendant 3 000 ans. Les premières momies étaient peintes en noir, puis à une époque plus tardive, il y a 4 000 ans, les Chinchorros les ont teintées de rouge.

6 En 1917, les 12 premières momies chinchorros furent découvertes dans le nord du Chili. Plus tard, en 1983, des constructeurs ont déterré d'autres parties de cette nécropole (cimetière antique). Environ 100 momies chinchorros ont été exhumées sur ce site et d'autres ont été retrouvées dans d'autres régions du Chili.

La momie des glaces

7 **La plus ancienne momie d'Europe est connue sous le nom d'Ötzi.** Cet homme est mort il y a 5 300 ans, à la fin de l'âge de pierre. Son corps momifié a été découvert par des randonneurs dans le nord de l'Italie en 1991. Ils l'ont retrouvé gisant face contre terre dans un glacier.

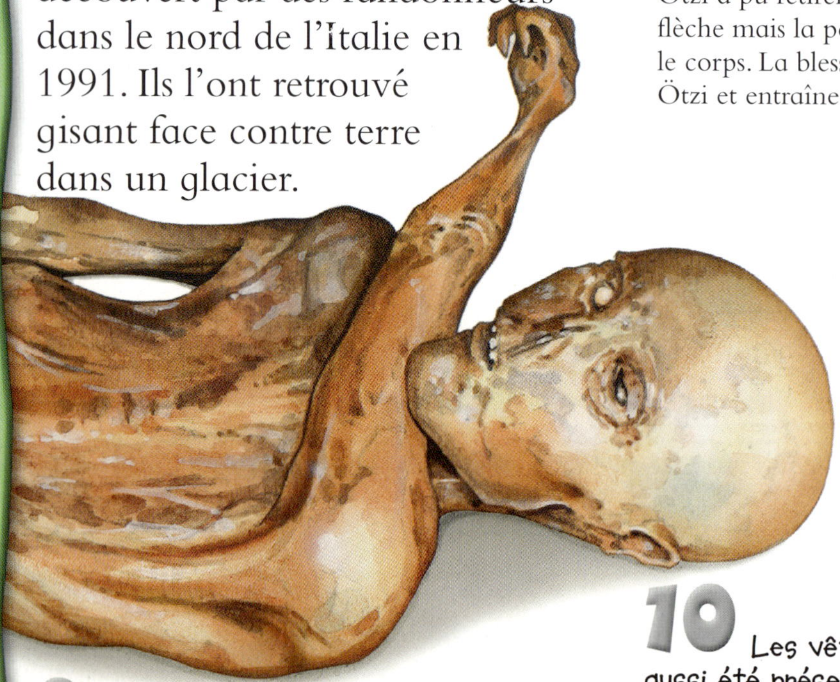

◀ Ötzi est la momie humaine complète la plus ancienne jamais découverte. Elle est si bien conservée que ses yeux sont encore visibles.

8 **La momie des glaces a été trouvée en haute montagne, un endroit très froid.** Au début, les chercheurs pensaient qu'il s'agissait d'un berger, d'un chasseur en quête de nourriture ou d'un randonneur. Puis, en 2001, une pointe de flèche a été découverte dans l'épaule gauche d'Ötzi. Il semblerait que celui-ci s'enfuyait dans les montagnes pour échapper à un danger.

9 **À l'époque où vivait Ötzi, les pointes des flèches étaient taillées dans du silex.** C'est une pointe de ce type de pierre qui a transpercé les vêtements d'Ötzi et l'a blessé à l'épaule gauche. Cette flèche a créé une plaie profonde. Ötzi a pu retirer le manche de la flèche mais la pointe est restée dans le corps. La blessure a dû affaiblir Ötzi et entraîner sa mort.

10 **Les vêtements ont aussi été préservés par la glace.** Pour la première fois, les scientifiques ont pu voir comment était vêtu un homme à l'âge de pierre. Ötzi portait des guêtres et des chaussures en cuir, un manteau en peau de chèvre, un chapeau en peau d'ours et une cape faite d'herbe tissée. Ces vêtements devaient protéger Ötzi du froid.

11

Ötzi a été retrouvé avec son équipement. Il possédait une hache en cuivre, une dague en silex, un arc et un carquois contenant 14 flèches. Il avait aussi une pochette en cuir remplie d'herbe séchée qu'il utilisait certainement pour allumer des feux. Pour se nourrir, Ötzi chassait et tuait avec son arc des animaux comme des bouquetins, par exemple.

12

Aujourd'hui, la momie des glaces, ses vêtements et son équipement sont exposés dans un musée de l'Italie du Nord. Les visiteurs peuvent regarder Ötzi à travers une minuscule fenêtre. Le corps est conservé dans une salle spéciale à basse température. La momie ne doit jamais être décongelée sinon elle se décomposera.

▶ Cette reconstitution d'Ötzi montre à quoi il devait ressembler le jour de sa mort.

INCROYABLE !

Au début, on a cru qu'Ötzi était un homme de notre époque qui aurait récemment succombé à un accident dans les montagnes.

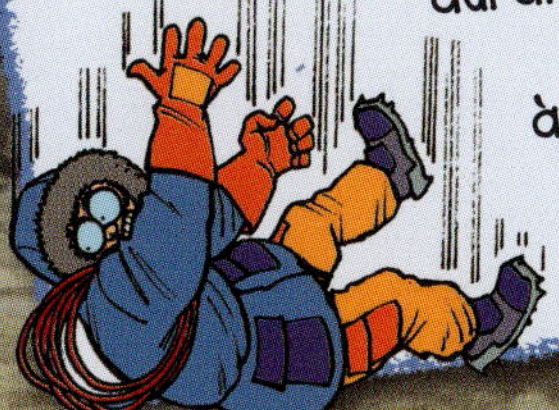

Les tourbières

13 **De nombreuses momies ont été retrouvées dans les tourbières du nord de l'Europe.** La tourbe est une substance terreuse formée par les plantes tombées dans des flaques d'eau. Ces plantes se déposent au fond de l'eau et se transforment petit à petit en tourbe. Un cadavre placé dans une tourbière peut se momifier en raison du manque d'oxygène et de peu de bactéries à l'origine de la décomposition.

INCROYABLE !
Lors de la découverte de l'homme de Tollund, les scientifiques n'ont pu sauvegarder que la tête. Le corps s'est desséché jusqu'à ce qu'il ne reste que les os.

14 **Les momies des tourbières sont généralement découvertes lorsque l'on creuse dans la tourbe.** L'un des corps les plus connus a été déterré à Tollund (Danemark) en 1950. L'homme de Tollund est mort il y a 2 300 ans. Il portait une corde en cuir autour du cou. Il a été pendu, peut-être offert en sacrifice aux dieux, puis jeté dans les marais. Son visage s'est parfaitement conservé au fil des ans, jusqu'à la barbe du menton.

▶ Le visage de l'homme de Tollund est tellement bien conservé qu'on a l'impression que l'homme dort.

15 L'homme de Grauballe a aussi été retrouvé dans une tourbière au Danemark. Il fut découvert par des tourbiers près du village de Grauballe en 1852. Il y a 2 300 ans environ, cet homme eut la gorge coupée et perdit tout son sang. Son corps fut ensuite jeté dans une tourbière où il a été conservé jusqu'à sa découverte.

▲ La tête de l'homme de Grauballe. Comme tous les corps découverts dans les tourbières, sa peau est devenue marron par les acides que contient la tourbe.

16 Des momies de tourbières ont été également exhumées en Allemagne. C'est à Windeby que le corps d'une jeune fille a été retrouvé. Morte il y a 1 900 ans, elle portait un bandeau sur les yeux. Il semble qu'elle ait été emmenée à cet endroit les yeux bandés pour y être noyée. Une lourde pierre et des branchages étaient placés sur son corps pour qu'il s'enfonce dans la tourbière.

▶ La momie de Windeby révèle que les cheveux de la jeune fille ont été coupés ou rasés juste avant sa mort.

17 Un autre corps de jeune fille a été découvert aux Pays-Bas. Connue sous le nom de la « fille d'Yde », elle a été poignardée, étranglée puis déposée dans une tourbière il y a environ 1 900 ans. Un médecin spécialisé a réalisé une copie de son crâne qu'il a recouvert de cire pour reconstituer son visage. Le modèle montre aux scientifiques à quoi pouvait ressembler la fille d'Yde.

L'homme de Lindow

18 **En 1984, une momie des tourbières a été retrouvée dans le nord-est de l'Angleterre.** Elle a été déterrée par des travailleurs découpant la tourbe à Lindow Moss, dans le Cheshire. La momie a été appelée « homme de Lindow » mais la presse locale l'a surnommée « homme des marais » car la tourbière est un lieu humide et marécageux. L'homme de Lindow est désormais exposé au British Museum à Londres.

19 **L'homme de Lindow avait 20 ans lorsqu'il est mort il y a 1 900 ans de cela.** Après son décès, son corps a été déposé dans une tourbière où il s'est enfoncé sans laisser de trace. Quelle surprise pour les ouvriers lorsqu'ils l'ont découvert !

▼ La momie de l'homme de Lindow a été aplatie par le poids de la tourbe qui la recouvrait.

20 L'homme de Lindow est mort dans la souffrance.

Juste avant son décès, il a mangé des baies de gui non comestibles. Il est impossible de savoir si le poison a été placé volontairement ou accidentellement dans sa nourriture. Les marques du corps racontent l'histoire de ses derniers instants. Il a été frappé à la tête et étranglé avec une corde. Pour l'achever, sa gorge a été tranchée.

21 Plus de quatre ans ont été nécessaires pour récupérer les parties de la momie.

La machine servant à extraire la tourbe avait découpé l'homme de Lindow en morceaux. Ils ont été retrouvés à différentes périodes : la partie supérieure du corps a été découverte en 1984 et sa jambe gauche est apparue quatre ans plus tard. Il manque sa jambe droite, sans doute encore enterrée dans la tourbe.

▲ Dans cette reconstitution, l'homme de Lindow mange un aliment contenant du pain brûlé. Ceci faisait peut-être partie de la cérémonie au cours de laquelle il était donné en sacrifice aux dieux.

INCROYABLE !

Les visiteurs du British Museum ont inventé des noms pour l'homme de Lindow, dont l'homme des boues ou l'homme aux toilettes !

22 Du temps de l'homme de Lindow, des présents étaient offerts aux dieux.

La plus belle offrande était le sacrifice humain. C'est peut-être le sort qui a été réservé à ce jeune homme. Après avoir ingéré un aliment contenant du gui, il a été tué et abandonné dans une tourbière. Les gens de cette époque croyaient qu'ainsi, il quittait le monde des vivants pour rejoindre celui des dieux.

En Égypte ancienne

▲ Même les chiens étaient momifiés dans l'Égypte ancienne.

23 Les plus célèbres momies sont celles d'Égypte. Les Égyptiens étaient d'habiles embaumeurs (préparateurs de momies). Le pharaon (roi d'Égypte) et le peuple étaient momifiés ainsi que certains animaux de compagnie et autres.

▲ Un couple marche dans les Champs d'Ialou, nom donné au paradis dans l'Égypte ancienne.

24 Les Égyptiens embaumaient les cadavres car ils pensaient que les défunts avaient besoin de leur corps dans l'au-delà. Ils croyaient qu'une personne vivait éternellement au paradis, à condition que son corps soit préservé. Chaque Égyptien voulait aller au paradis, c'est pourquoi la momification des cadavres était très importante dans leur civilisation.

25 Les premières momies égyptiennes étaient naturelles. Lorsqu'une personne mourait, son corps était enterré dans le sable du désert avec des objets destinés à sa vie future. Comme le sable était chaud et sec, les chairs ne se décomposaient pas : elles séchaient et se ratatinaient jusqu'à se tendre sur les os. Le corps devenait ainsi une momie. Les momies naturelles d'Égypte remontent à 3500 av. J.-C.

26 **Les Égyptiens commencèrent à momifier les corps vers 3400 av. J.-C.** Les dernières momies datent de 400 apr. J.-C. Cela signifie que les Égyptiens ont embaumé des corps pendant environ quatre mille ans ! Ils cessèrent lorsque la religion chrétienne se répandit en Égypte car le rite de l'embaumement était considéré comme une pratique païenne (non chrétienne).

◀ Cet homme est décédé il y a 5 200 ans environ. Son corps s'est lentement desséché sous l'effet de la chaleur du désert égyptien pour se transformer en momie naturelle.

27 **Les tombes enfouies dans le sable du désert réservaient une surprise aux personnes qui les découvraient ou les pillaient.** Au lieu de déterrer un squelette, elles tombaient nez à nez avec un corps desséché qui ressemblait à celui d'une personne vivante ! On pense que c'est ainsi que les Égyptiens ont eu l'idée d'embaumer les corps de leurs morts.

▶ Les premiers cercueils égyptiens avaient la forme d'un corps et étaient richement peints et décorés.

La première momie

28 Une légende court à propos de la toute première momie. L'histoire raconte comment Osiris, gouverneur de l'Égypte, est devenu la première momie. Par la suite, les Égyptiens voulurent suivre son exemple et être embaumés à leur mort.

29 L'histoire commence avec le meurtre d'Osiris. Son frère, Seth, était un homme méchant : un jour, il incita Osiris à s'allonger dans une boîte qui était en réalité un cercueil. Après en avoir fermé le couvercle, Seth jeta le cercueil dans le Nil et Osiris périt noyé. Seth tua son frère par jalousie : il était beaucoup moins apprécié par le peuple égyptien qu'Osiris.

30 Isis, la femme d'Osiris, ne supporta pas d'être séparée de son mari. Elle chercha son corps dans toute l'Égypte et le ramena chez elle. Isis savait que Seth serait furieux s'il apprenait ce qu'elle avait fait. C'est pourquoi elle cacha le corps d'Osiris.

▶ Isis, Anubis et Thot reconstituèrent le corps d'Osiris avant d'en faire la première momie.

QUIZ

1. Qui tua Osiris ?
2. Qui était la femme d'Osiris ?
3. En combien de morceaux Seth découpa-t-il Osiris ?
4. Quels sont les trois dieux qui aidèrent Isis ?
5. Qu'est devenu Osiris dans l'au-delà ?

1. Son frère Seth.
2. Isis.
3. 14.
4. Rê, Anubis, Thot
5. Le roi des morts

31 **Mais Seth découvrit le corps d'Osiris et le reprit.** Il le découpa en 14 morceaux, qu'il dispersa dans toute l'Égypte. Il pensait ainsi s'être définitivement débarrassé d'Osiris.

32 **Seth avait découpé le corps de son frère mais il ne put anéantir l'amour d'Isis pour son défunt époux.** À nouveau, Isis partit à la recherche d'Osiris. Elle se transforma en faucon (oiseau de proie) et survola toute l'Égypte pour retrouver les parties du corps d'Osiris. Elle les réunit petit à petit, mais il manquait un morceau qui avait été mangé par un poisson.

33 **Isis rassembla tous les morceaux.** Elle pleura à la vue du corps de son mari. Lorsque Rê, le dieu du Soleil, vit ses larmes, il envoya Anubis et Thot à son aide. Anubis enveloppa de tissu chaque partie du corps d'Osiris. Puis Isis, Anubis et Thot reconstituèrent le corps du défunt et l'enveloppèrent entièrement. Isis embrassa la momie et Osiris se réveilla pour vivre éternellement dans l'au-delà et devint le roi des Morts.

Un travail méticuleux

34 L'embaumement des corps dura environ quatre mille ans en Égypte. Les embaumeurs essayèrent différentes méthodes plus ou moins efficaces pour préserver les cadavres. Les meilleures momies furent réalisées sous le Nouvel Empire, il y a près de 3 500 ans.

35 Un Grec appelé Hérodote décrivit dans son livre le procédé de momification égyptienne. Hérodote visita l'Égypte au Ve siècle av. J.-C. Il y apprit qu'il fallait soixante-dix jours pour momifier un corps : quinze jours pour le nettoyer, quarante pour le sécher et quinze pour l'envelopper.

36 Les embaumeurs travaillaient dans des tentes bien ventilées. Leurs ateliers rudimentaires, situés loin des villes et des villages, étaient implantés le long de la rive ouest du Nil. Les tentes restaient ouvertes pour que les mauvaises odeurs soient balayées par la brise. Le fleuve à proximité offrait l'eau nécessaire à l'embaumement.

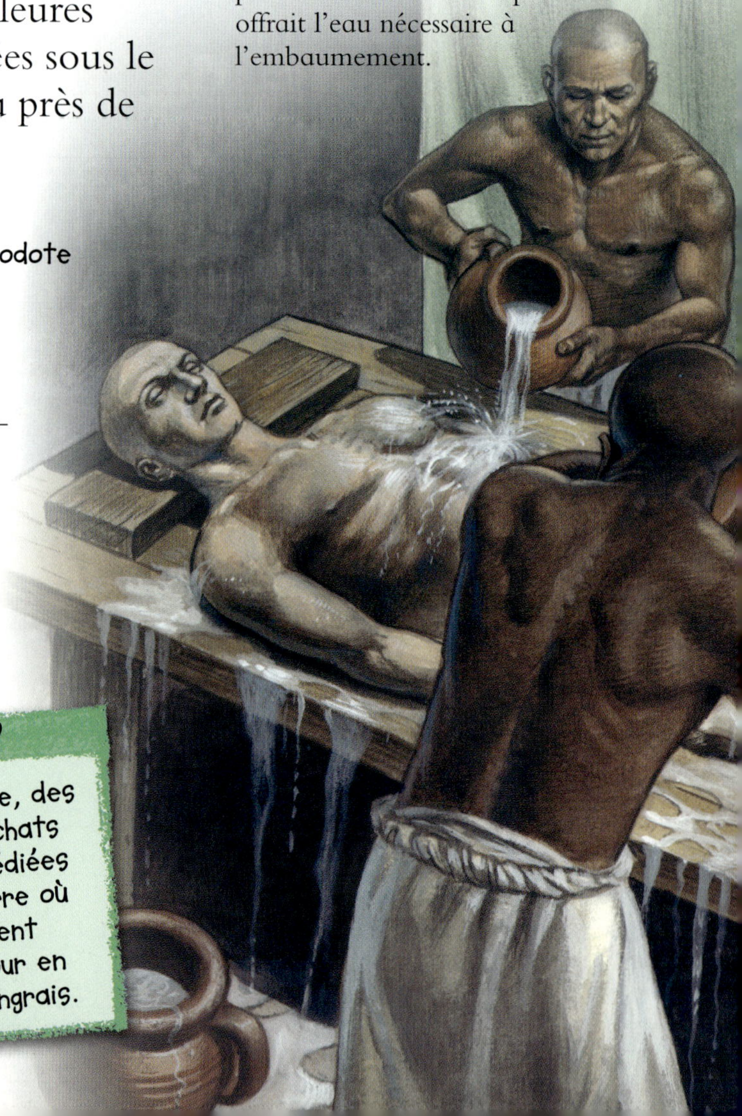

INCROYABLE !

Au XIXe siècle, des momies de chats furent expédiées en Angleterre où elles furent broyées pour en faire de l'engrais.

▶ Pour enlever le cerveau, un crochet métallique était inséré dans la narine gauche. Le cerveau était ainsi retiré par le nez.

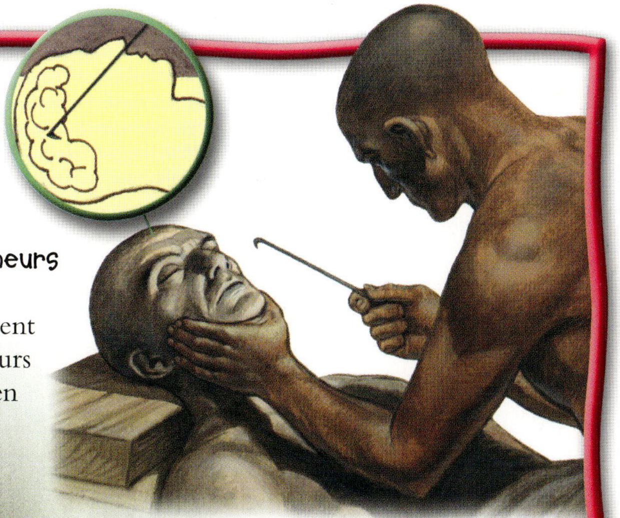

37 Le savoir-faire des embaumeurs se transmettait de génération en génération. Seuls les hommes effectuaient ce travail et les pères devaient former leurs fils. Chaque homme avait une tâche bien précise dans les différentes étapes de la momification : si un père était chargé d'entailler le cadavre, par exemple, son fils reprenait la même fonction.

38 Les quinze premiers jours étaient consacrés au nettoyage. Dans la tente appelée « maison de purification », le corps était lavé avec de l'eau salée. Puis il était transporté dans la « maison de beauté » où son cerveau était ôté et jeté. Ensuite, une incision était faite sur le côté gauche du corps pour enlever le foie, les poumons, les intestins et l'estomac. Ils étaient conservés à part.

39 Le cœur était laissé dans le corps. Les Égyptiens pensaient que le cœur était le siège de l'intelligence et donc qu'il était nécessaire pour guider le défunt dans sa nouvelle vie. Si le cœur était enlevé par erreur, il était remis en place. Les reins restaient également dans le corps.

◀ Le cadavre était minutieusement lavé avec de l'eau salée puis ses organes étaient retirés.

Le séchage du corps

40 Une fois les organes prélevés, le corps était mis à sécher. Pour cela, les embaumeurs utilisaient un sel spécial appelé natron. C'était une substance poudreuse blanche que les Égyptiens récupéraient sur les berges des lacs du nord de l'Égypte. Le natron recueilli était placé dans des sacs avant d'être livré aux embaumeurs.

41 Dans l'atelier, les petits sacs en lin remplis de natron étaient insérés dans le corps vide par l'ouverture ayant déjà servi à retirer les organes. En plus du natron, on remplissait le corps de chiffons, de paille, d'herbe séchée et de sciure pour redonner au cadavre une forme humaine.

▲ Voici quelques-uns des matériaux qui servaient à remplir le corps des momies.

42 Ensuite, le corps placé sur le dos était recouvert d'une épaisse couche de natron. Le cadavre était complètement enseveli et séchait ainsi dans le natron pendant quarante jours.

43 Le foie, les poumons, les intestins et l'estomac étaient aussi séchés. Chacun des organes était disposé dans un bol en terre cuite et enseveli sous du natron. Tout comme le corps, ces organes restaient ainsi pendant quarante jours, le temps que le natron les dessèche.

44 Les pêcheurs utilisaient le natron pour conserver les poissons. Ils se rendirent compte que les cristaux salés du natron absorbaient les liquides de la chair morte. Ainsi séché ou salé, le poisson ne pourrissait pas. C'est pour cette raison que les embaumeurs eurent l'idée de se servir du natron pour préserver les cadavres.

45 Pendant les quarante jours de séchage, le natron déshydratait le corps. Une fois ce temps écoulé, les embaumeurs grattaient le natron et enlevaient les matériaux qu'ils avaient utilisés pour rembourrer le cadavre. Le corps séché avait perdu environ les trois quarts de son poids de départ et était ratatiné, dur et d'une couleur bleu-noir. Il n'avait quasiment plus un aspect humain.

▲ Le corps était plongé dans du natron (sorte de sel) pour le faire sécher. Près de 225 kilos étaient nécessaires !

Des bandelettes !

46 **Les embaumeurs redonnaient un aspect humain au cadavre.** On rembourrait de nouveau le corps et la peau était enduite d'huile et d'épices pour la rendre douce et parfumée. Ensuite, on posait de faux yeux et une perruque puis on le maquillait. Enfin, de la résine d'arbre était versée sur le corps : elle formait une couche dure qui empêchait les moisissures de se développer.

47 **Les organes séchés étaient enveloppés dans du lin et placés dans des vases appelés canopes.** Le vase à tête de babouin (dieu Hâpi) contenait les poumons. L'estomac était mis dans le canope à tête de chacal (dieu Douamoutef). Celui à visage humain (dieu Amset) protégeait le foie, et les intestins étaient enfermés dans le vase à tête de faucon (dieu Qebehsenouf).

◄ Les quatre vases canopes représentaient les fils du dieu Horus.

48 **L'incision sur le côté gauche du corps était rarement recousue.** Elle était recouverte d'une plaque de cire où était dessiné l'œil d'Horus. Les Égyptiens pensaient que cet œil avait le pouvoir de détecter le mal et de l'empêcher de pénétrer dans le corps par l'ouverture.

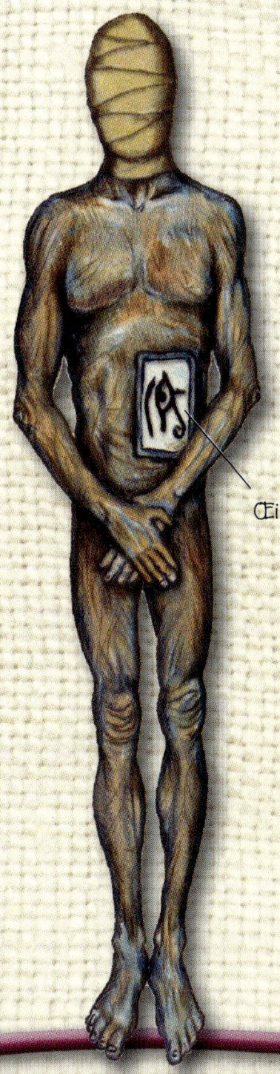

49 L'étape finale consistait à recouvrir le corps de bandelettes.

L'étape finale consistait à recouvrir le corps de bandelettes. Cela prenait onze jours. Le corps était enveloppé dans des bandes de lin larges de 6 à 20 centimètres. La pose était effectuée dans un ordre précis, en commençant par la tête. Finalement, le corps était recouvert d'un drap en lin, fixé par des bandes du même tissu.

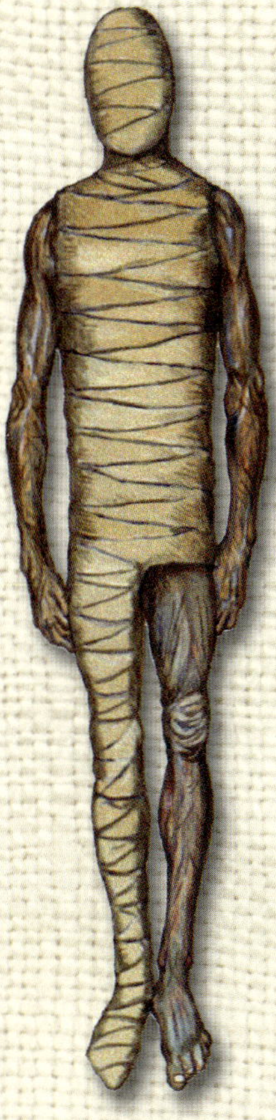

2. Membres et torse emmaillotés

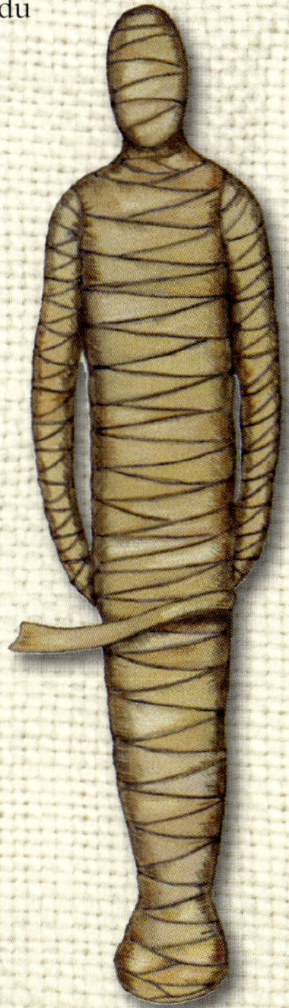

3. Corps entier enveloppé

4. Bandage complet

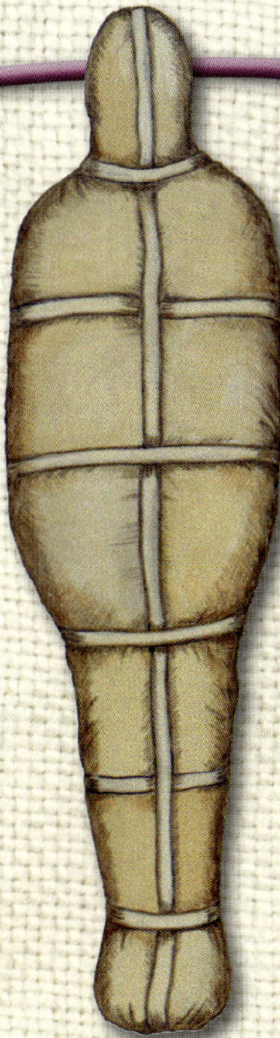

5. Drap de lin sur les bandelettes

▲ La pose des bandelettes se déroulait en cinq étapes, en commençant toujours par la tête.

50 Pendant la pose des bandelettes, des amulettes (objets porte-bonheur) étaient disposées entre les couches de lin.

Pendant la pose des bandelettes, des amulettes (objets porte-bonheur) étaient disposées entre les couches de lin. Tout comme les formules magiques écrites sur les bandelettes, elles protégeaient le défunt dans son voyage vers l'au-delà. Une fois le corps emmailloté, de la résine était versée sur la momie pour la rendre étanche. À la fin, les embaumeurs plaçaient un masque sur le visage.

Des tombes et des pilleurs

51 La momie était placée dans un cercueil en bois. Les cercueils simples étaient faits de planches en bois ; les plus chers avaient la forme du corps humain. Ils étaient décorés de formules magiques. Un dessin à l'intérieur du cercueil montrait le chemin vers l'au-delà.

52 Les premiers pharaons (rois) étaient enterrés dans des pyramides. La première pyramide fut construite vers 2650 av. J.-C. pour le pharaon Djoser. Pendant les huit cents ans qui suivirent, tous les pharaons furent enterrés dans des pyramides. Plus tard, ils choisirent des tombes creusées dans une vallée rocheuse connue sous le nom de la vallée des Rois. Les pilleurs découvrirent bon nombre de ces tombes mais pas toutes.

53 Le jour des funérailles, la momie était sortie de son cercueil et maintenue debout. Un prêtre utilisait un outil en pierre en forme de Y pour toucher la bouche, les yeux, le nez et les oreilles de la momie. Cette cérémonie d'« ouverture de la bouche et des yeux » avait pour but de permettre au défunt de retrouver l'usage de la voix, de la vue, de l'ouïe et de l'odorat dans sa nouvelle vie.

▲ Prêtre (à droite) s'apprêtant à toucher une momie (à gauche) pour la cérémonie d' « ouverture de la bouche et des yeux ».

54 Les momies étaient enterrées avec des objets funéraires. Il s'agissait d'objets que le défunt utiliserait dans l'au-delà. Les personnes ordinaires étaient inhumées avec des objets basiques comme de la nourriture et des boissons. Les pharaons et les riches Égyptiens étaient accompagnés de tout ce dont ils auraient besoin dans leur vie nouvelle, à savoir : meubles, vêtements, armes, bijoux et instruments de musique.

55 Les tombes attiraient les pilleurs. Ils savaient ce qu'elles dissimulaient et prenaient de grands risques pour y pénétrer et voler des objets. Même la momie n'était pas à l'abri : les pilleurs de tombes brisaient les cercueils, prenaient les masques et les bijoux puis découpaient les bandelettes pour s'emparer des amulettes. Le pillage des tombes était un crime important et si le voleur était pris, il était mis à mort.

◀ Procession funéraire sur le chemin de la vallée des Rois. Des bœufs tiraient le cercueil posé sur un char en bois en forme de bateau. Cette cérémonie représentait le voyage du défunt vers l'autre monde.

Toutankhamon, l'enfant-roi

56 Toutankhamon est l'un des plus célèbres pharaons d'Égypte. Il devint roi vers 1334 av. J.-C. alors qu'il n'avait que 8 ans. Comme il était trop jeune pour gouverner l'Égypte, deux de ses ministres assuraient le commandement : Ay, ministre en chef, et Horemheb, chef des armées. Ils prenaient les décisions au nom de Toutankhamon.

◄ Cette représentation de Toutankhamon fut enterrée avec le jeune pharaon défunt.

57 Toutankhamon régna pendant neuf ans. Il mourut à l'âge de 17 ans. Son corps momifié fut enseveli dans une tombe creusée dans le flanc de la vallée des Rois. Comme tout pharaon, Toutankhamon fut enterré avec beaucoup de bijoux : un pendentif vautour d'or et d'émail, un scarabée d'ambre, d'or et de lapis-lazulli ainsi que plein d'autres objets précieux encore.

58 Les tombes de la vallée des Rois devaient rester secrètes. Cependant, les pilleurs les trouvèrent et dérobèrent leur précieux contenu. Ils découvrirent la tombe de Toutankhamon mais furent arrêtés avant d'avoir pu causer des dégâts importants. Des années plus tard, lorsque la tombe de Ramsès VI fut creusée, des pierres s'éboulèrent dans la vallée et bloquèrent l'entrée du caveau de Toutankhamon qui tomba dans l'oubli.

◀ Trône de Toutankhamon. On voit sur le dossier une peinture représentant le pharaon avec une princesse.

59 **En 1922, l'archéologue britannique Howard Carter découvrit la tombe de Toutankhamon.** Il avait passé des années à la chercher. Les autres archéologues pensaient qu'il perdait son temps car tous les tombeaux avaient été retrouvés. Carter refusa d'abandonner et, en novembre 1922, il trouva un escalier qui menait à la porte d'une tombe.

60 **Derrière la porte se trouvait un corridor.** Au bout du couloir, Carter arriva devant une seconde porte dans laquelle il perça un trou. En regardant à travers le trou, il aperçut des « choses merveilleuses ». Il fallut dix ans pour sortir tous les bijoux, un trône en or et le sarcophage. Un masque en or recouvrait le visage et les épaules du pharaon : il était fait de 10 kilos d'or massif !

▼ Toutankhamon fut enterré dans 3 cercueils différents insérés les uns dans les autres. Voici le cercueil du milieu fait d'or et décoré d'une pierre précieuse : le lapis-lazuli.

Extraordinaires momies !

61 La momie de Ramsès II fut découverte en 1871. Elle avait été déposée dans un tombeau mais a été déplacée pour que les pilleurs ne la trouvent pas. Ramsès II avait de mauvaises dents car il avait dû manger du pain sableux. Il avait environ 80 ans lorsqu'il est mort et souffrait d'arthrite (maladie qui rend les articulations douloureuses). En 1976, sa momie fut expédiée en France pour y être traitée contre les moisissures qui la rongeaient.

62 La momie 1770 est conservée au musée de Manchester, en Grande-Bretagne. C'est la momie d'une jeune fille dont l'identité n'est pas connue. Ses jambes et ses pieds étaient manquants et les embaumeurs recréèrent des faux membres pour la faire paraître entière. Personne ne sait ce qui est arrivé à cette jeune fille. Peut-être a-t-elle été mordue par un crocodile ou un hippopotame alors qu'elle se baignait dans le Nil il y a 3 000 ans !

▼ Momie de Ramsès II. Les études scientifiques ont révélé qu'un lin particulièrement fin était utilisé pour remplir et envelopper le corps.

63 **Un âne pris au piège a permis de retrouver des milliers de momies.** En 1996, un âne glissa dans un trou dans l'oasis de Baharia en Égypte. Son propriétaire l'en fit sortir et pénétra dans le trou. Il découvrit un système souterrain qui menait à des chambres abritant des milliers de momies de personnes du peuple. Le site s'appelle la vallée des Momies dorées car de nombreuses momies portaient un masque doré sur le visage. Elles sont âgées d'environ 2 000 ans.

64 **Djedmaatesankh, Djed pour faire plus court, est une momie égyptienne du musée royal de l'Ontario, à Toronto au Canada.** Djed vivait vers 850 av. J.-C. et, en 1977, sa momie entra dans les livres d'histoire : elle fut la première momie à être examinée par un tomodensitomètre (sorte de scanner). Les images de ce scanner révélèrent que Djed souffrait d'une infection grave à la joue, qui a pu être à l'origine de son décès.

QUIZ

1. Qu'est-ce qui menaçait la momie de Ramsès II ?
2. Que manquait-il à la momie 1770 ?
3. En 1996, qu'est-ce qu'un âne a permis de trouver ?
4. Quelle momie fut la première examinée au tomodensitomètre ?

1. Les moisissures.
2. Ses jambes et ses pieds.
3. La vallée des Momies dorées.
4. Djed.

Les momies du Pérou

▲ Cette momie péruvienne est vieille de plus de 500 ans. Elle était recouverte de tissu pour constituer une sorte de sac.

65 **Au Pérou (Amérique du Sud), les corps furent momifiés pendant des centaines d'années.** Les premières momies datent du Ve siècle av. J.-C. et les plus récentes du XVIe siècle apr. J.-C. Le corps était placé en position assise, avec les genoux ramenés sous le menton. Il était enveloppé de couches de tissu pour, en quelque sorte, l'« empaqueter ». Le climat froid et sec contribuait à la conservation du corps.

▲ Les momies des empereurs étaient transportées dans les rues et montrées au public.

66 **Au XVIe siècle, les momies des empereurs incas étaient exhibées dans les rues de Cuzco, au Pérou.** Les Incas pensaient que ce défilé était une marque d'attention pour les âmes des morts et qu'il leur facilitait le voyage vers l'au-delà. Ils croyaient également que cette pratique plaisait aux dieux qui assuraient en retour richesse et bonheur aux vivants.

INCROYABLE !

Lorsque les Espagnols arrivèrent au Pérou au XVIe siècle, ils détruisirent des milliers de momies incas : en une année, ils se débarrassèrent de 1 365 momies !

67 **Les Incas sacrifiaient des enfants à leurs dieux.** Ils espéraient qu'en retour les dieux leur offriraient santé, prospérité et de la pluie pour les cultures. Les cadavres des enfants sacrifiés étaient abandonnés en haute montagne pour que le froid les transforme en momies naturelles.

68 **En 1995, la momie d'une jeune fille inca fut retrouvée.** Elle avait été tuée 500 ans auparavant lors d'un sacrifice en hommage aux dieux. Son corps fut laissé à 6 300 mètres d'altitude sur le mont Ampato au Pérou avec des offrandes de vêtements, de nourriture, d'or et d'argent. Les conditions glaciales ont préservé son corps.

▶ Ces enfants incas se tiennent face à un prêtre alors qu'ils se préparent à être sacrifiés pour les dieux lors d'une cérémonie religieuse.

Les momies d'Asie

69 **Il y a plus de 2 500 ans, le peuple pazyryk de Sibérie, en Russie, inhumait ses chefs dans le sol gelé de la région.** En 1993, un tombeau pazyryk a été découvert : il contenait la momie gelée de la « Princesse de glace ». Celle-ci était vêtue de soie et de laine et portait une paire de bottes. Lorsque le corps fut décongelé, on put voir des dessins de cerfs tatoués sur sa peau.

▲ Le peuple pazyryk se tatouait des dessins de léopards des neiges, d'aigles et de rennes sur le corps. Les tatouages présents sur le corps de la Princesse de glace étaient peut-être la marque de son rang.

70 **Sing-Jui est l'une des momies les mieux préservées du monde.** Elle fut retrouvée en Chine et remonte à 2 100 ans. Son corps avait été placé dans un cercueil rempli d'un étrange liquide contenant du mercure (métal liquide argenté). Le cercueil était scellé et mis dans un autre, lui-même placé dans un troisième. Les trois cercueils ont été ensevelis sous un tertre de charbon et d'argile ; c'est dans cette tombe étanche à l'eau et à l'air que le corps a été conservé.

◀ Cette peinture d'artiste montre le visage probable de Sing-Jui de son vivant, il y a plus de 2 000 ans.

QUIZ

1. De quel pays venait Vu Khac Minh ?
2. De quel métal le cercueil de Sing-Jui était-il fait ?
3. Qu'y avait-il sur la peau de la Princesse de glace ?
4. Quel âge avaient les momies du Taklamakan ?

1. Du Viêtnam.
2. De mercure.
3. Des tatouages.
4. Environ 3 000 ans.

72 **Vu Khac Minh était un moine bouddhiste du Viêtnam.** En 1639, à la fin de sa vie, il s'enferma dans sa chambre. Il demanda aux autres moines de le laisser seul pendant cent jours pour méditer (prier). Une fois cette période écoulée, les moines le retrouvèrent mort mais son corps avait été parfaitement préservé et il fut exposé à la vue de tous.

71 **Des momies furent découvertes dans le désert chinois de Taklamakan.** Il y pleut très peu et le sable salé conserve les corps. Ce fut une surprise de retrouver ces momies dans un lieu aussi isolé. Elles datent d'environ 3 000 ans et ressemblent à des Indo-Européens plutôt qu'à des Chinois. Il semblerait qu'un peuple grand à la peau claire se soit autrefois installé en Orient et y ait enterré ses morts.

◀ L'homme de Cherchen est l'une des nombreuses momies déterrées dans le désert de Taklamakan.

En amérique du Nord

73 Âgé de 9 000 ans, l'homme de Spirit Cave (grotte de l'esprit) est l'une des plus vieilles momies. Retrouvée en 1940 sur le site de Spirit Cave dans le Nevada aux États-Unis, la momie portait un manteau en peau d'animaux et des mocassins en cuir. Elle était enveloppée dans des tapis faits d'herbe épaisse. L'air sec et froid de la caverne a séché le corps et l'a momifié naturellement.

▲ Momie de l'homme de Spirit Cave. Découverte en 1940, son âge réel n'a pu être déterminé qu'en 1994.

INCROYABLE !

Hazel Farris, comme Elmer McCurdy, était un hors-la-loi américain dont le corps momifié était exposé lors de fêtes foraines.

75 Une famille de momies a été découverte au Groenland en 1972. Les corps de six femmes et de deux enfants inuits avaient été placés dans un sous-sol rocheux vers 1475. Le froid et le gel les ont préservés en les séchant petit à petit.

▲ Momie inuit d'un petit garçon. Il fut tué pour pouvoir accompagner sa mère dans l'au-delà.

74 La momie de l'homme de glace américain n'existe plus. Elle fut retrouvée en 1999 au Canada. L'homme, mort au XVe siècle, fut préservé dans un glacier. Les indigènes américains déclarèrent que cet homme était leur ancêtre : la momie leur fut donc confiée. Ils la brûlèrent et enterrèrent les cendres près de l'endroit où elle avait été trouvée.

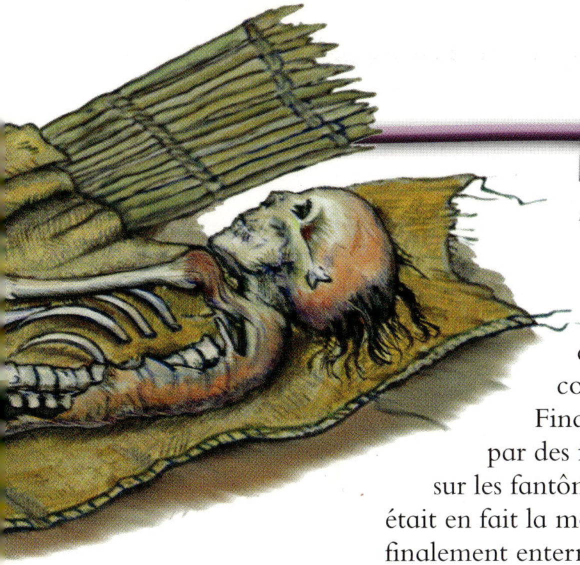

76 Elmer McCurdy était un hors-la-loi dont le corps fut transformé en momie. Il fut tué par balle en 1911 après avoir attaqué un train. Son cadavre fut confié à un embaumeur pour préserver le corps que personne ne vint réclamer. Finalement, la momie de McCurdy fut achetée par des forains. En 1976, une émission de télévision sur les fantômes fut tournée et un des « mannequins » était en fait la momie d'Elmer McCurdy ! Le corps fut finalement enterré en 1977.

77 Les momies de trois marins britanniques gisent dans le sol gelé de l'Arctique. Il s'agit des corps de John Torrington, John Hartnell et William Braine qui moururent en 1845 au cours d'une expédition à travers l'océan Arctique au départ de l'Angleterre. Leurs corps furent examinés en 1984 et l'étude révéla qu'ils avaient été empoisonnés par du plomb après avoir mangé des aliments contaminés. Les navigateurs furent à nouveau confiés à la glace de l'Arctique.

▼ L'équipage du HMS Terror tenta de dégager son navire des glaces de l'Arctique. Les hommes moururent et certains corps furent momifiés par le froid.

Les momies dans le monde

78 Le Vésuve est un volcan situé dans le sud de l'Italie. Il entra en éruption en 79 apr. J.-C. et la ville de Pompéi fut ensevelie sous une couche de cendres et de pierres. De nombreuses personnes périrent, notamment par asphyxie. Lorsque les scientifiques déblayèrent la ville, ils retrouvèrent des zones en forme de corps dans le sol. En injectant du plâtre de Paris dans ces cavités, ils reconstituèrent les silhouettes des défunts.

▲ Ce moulage en plâtre montre une victime de l'éruption du Vésuve en 79 apr. J.-C. Certains de ces moulages sont tellement détaillés que l'on peut y voir les expressions du visage.

79 Plus de 2 000 momies sont conservées dans la crypte souterraine d'une église à Palerme, en Sicile. Les corps des habitants furent enterrés dans la crypte il y a plus d'un siècle. Au lieu de les décomposer, l'air sec a momifié les cadavres. Beaucoup de ces momies, vêtues de leurs habits funéraires, sont debout contre les murs dans des positions parfois bizarres.

▼ Des momies entièrement vêtues se dressent le long des murs d'une église à Palerme en Sicile (île d'Italie). Les morts souhaitaient être préservés dans leurs plus beaux habits.

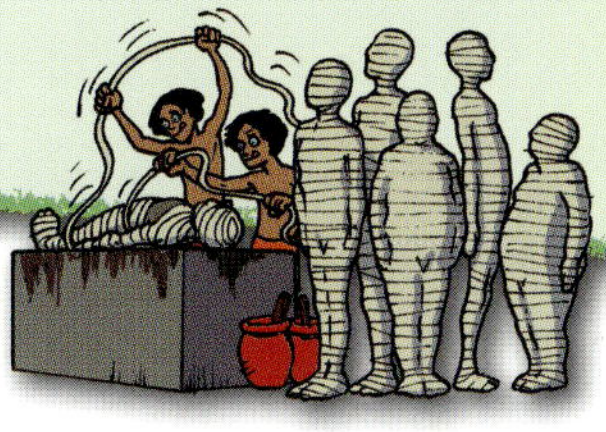

80 Des momies de saints sont exposées dans de nombreuses églises catholiques. Il ne s'agit pas toujours de corps entiers mais souvent de morceaux appelés reliques. Beaucoup de ces momies ont été créées naturellement par un environnement sec. Certaines sont préservées pour être montrées. Cependant, l'Église catholique pense que certains saints ont été conservés par la volonté divine et sont le résultat de miracles.

▲ Corps de sainte Bernadette Soubirous (1844–1879) à Lourdes, dans le Sud de la France. Son corps fut exhumé à trois reprises et n'était pas décomposé. Pour certains, il a été préservé par Dieu.

82 Au Japon, on a retrouvé 20 momies de prêtres bouddhistes. L'une d'elles, la momie de Tetsumonkai, est celle d'un prêtre décédé en 1829 qui, peu avant sa mort, commença à préparer son corps pour l'embaumement. Il mangeait moins et cessa de consommer du riz, de l'orge, du blé, des haricots et du millet car il pensait que ces aliments nuisaient à son corps. Après sa mort, les autres prêtres assirent le corps en tailleur et le laissèrent sécher.

81 Pendant des générations, les défunts de l'île de Papouasie-Nouvelle-Guinée étaient momifiés. Le mort était placé en position accroupie et son corps était mis à sécher au soleil ou à la fumée d'un feu. Les habitants de l'île pensaient que leurs parents décédés restaient à leurs côtés si leurs corps étaient préservés.

◀ Momie de Tetsumonkai. Les prêtres séchèrent le corps en plaçant des bougies allumées autour de lui.

L'étude des momies

83 **Il n'y a pas si longtemps, les momies étaient mises à nue pour être examinées.** Au XIXe siècle, défaire les bandelettes des momies égyptiennes était courant : cela s'effectuait souvent en public. Le chirurgien anglais Thomas Pettigrew (1791-1865) a démailloté beaucoup de momies à l'époque. Il écrivit des livres passionnants sur ces momies égyptiennes.

▲ Quelques personnes observent une momie dont on ôte les bandelettes. Ce procédé détruisait beaucoup de preuves historiques.

84 **Aujourd'hui, on n'a plus besoin de les démailloter.** Les momies sont passées aux rayons X pour étudier les os et au scanner pour examiner les tissus mous en détail. Certains tests permettent également de savoir à quelle famille le défunt momifié appartenait.

▼ Un scientifique polonais prépare une momie vieille de 3 000 ans pour un examen aux rayons X.

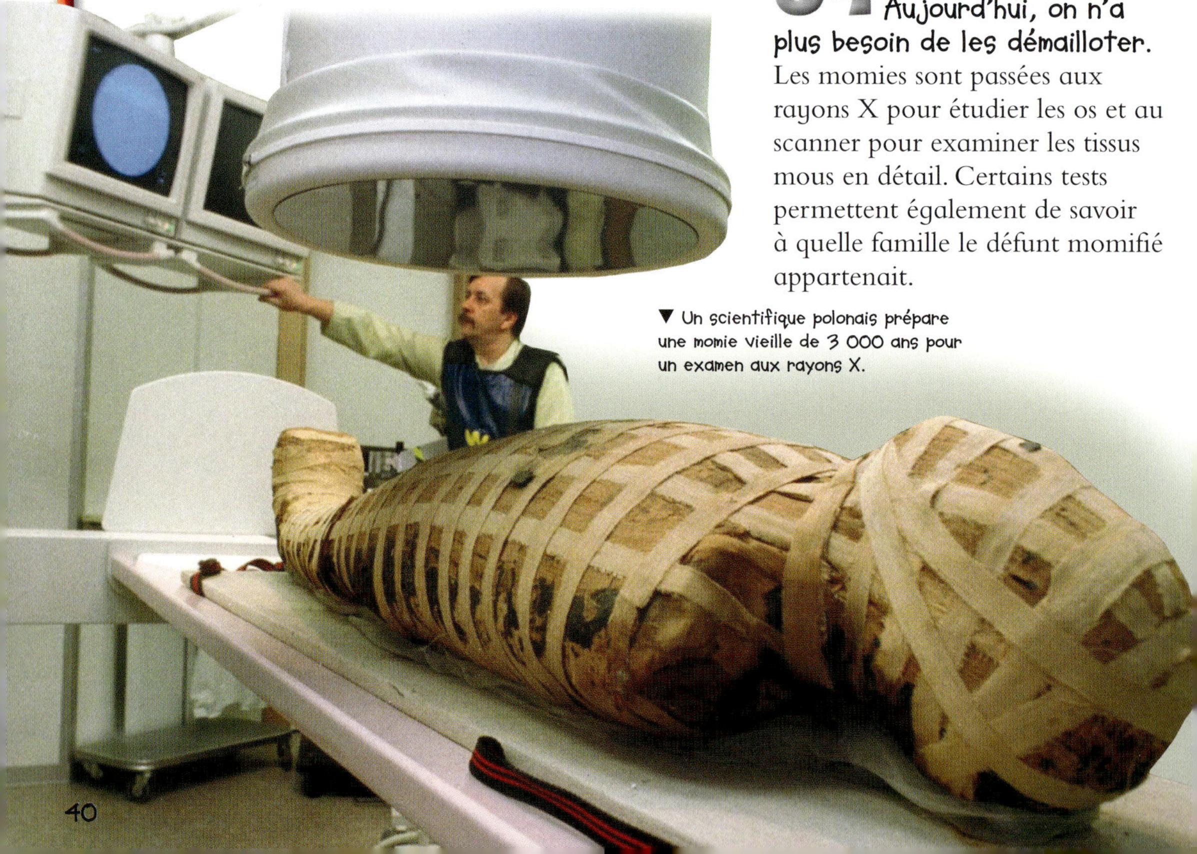

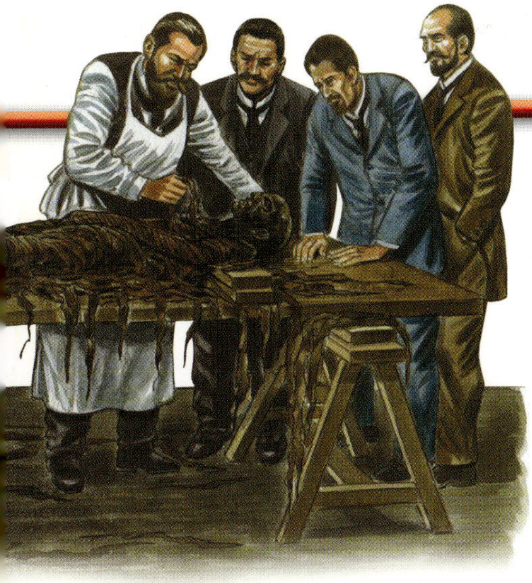

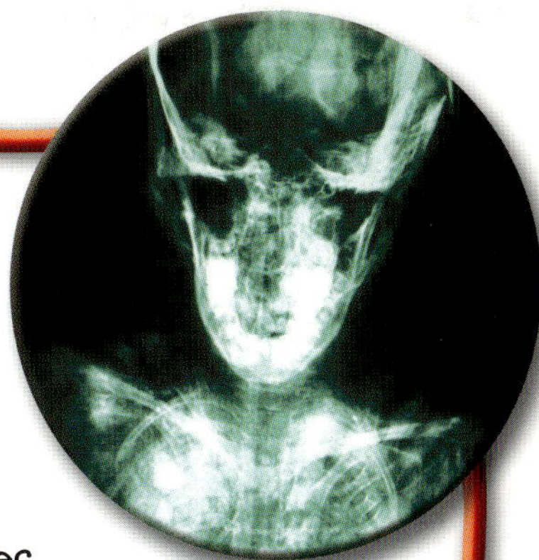

▶ Cette image aux rayons X d'un crâne de momie révèle que la mort fut due à une blessure à la tête.

86 **En observant les momies, il est possible de connaître les maladies ou les blessures à l'origine du décès.** Les momies égyptiennes sont celles qui ont été le plus examinées. Nous savons ainsi que les Égyptiens de l'Antiquité étaient affaiblis par des parasites présents dans l'eau qu'ils buvaient, qu'ils avaient les dents abîmées par le pain sableux, qu'ils souffraient de fièvres provoquées par des morsures d'insectes et que leurs os et articulations étaient usés par des travaux pénibles.

85 **L'empereur français Napoléon Bonaparte était fasciné par les momies.** Après avoir vaincu les Britanniques en 1798, Napoléon et ses troupes échouèrent en Égypte. Les 150 scientifiques qui accompagnaient Napoléon commencèrent à étudier le pays et ses momies.

▼ Lorsque Napoléon quitta l'Égypte en 1799, il chargea une équipe d'historiens et de scientifiques d'explorer le pays pour lui.

Les animaux momifiés

87 Les animaux aussi étaient embaumés dans l'Égypte ancienne. Les oiseaux et les poissons étaient momifiés pour servir de nourriture au défunt dans l'autre monde. Les chiens, les chats et les singes domestiques accompagnaient également leur maître dans l'au-delà. Certains taureaux étaient considérés comme sacrés car on pensait que l'esprit des dieux vivait en eux. Lorsqu'ils mouraient, ces taureaux étaient momifiés et placés dans une tombe souterraine.

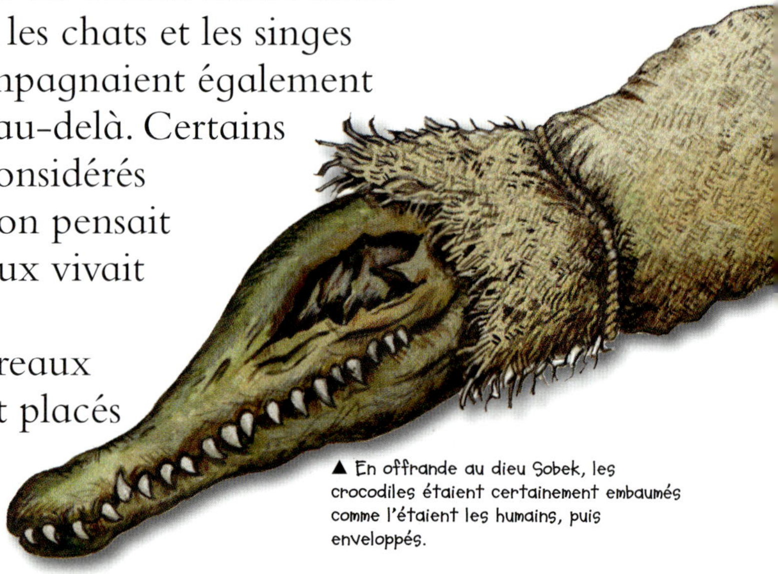

▲ En offrande au dieu Sobek, les crocodiles étaient certainement embaumés comme l'étaient les humains, puis enveloppés.

▼ De la fourrure rousse est encore visible autour des pieds de Dima, le bébé mammouth.

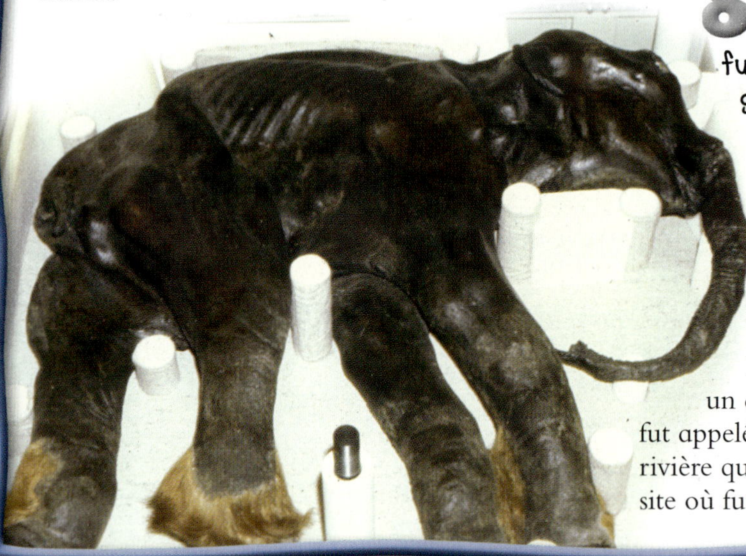

88 Un bébé mammouth fut retrouvé dans le sol gelé de la Sibérie en 1977. Nombreux sont les restes de ces ancêtres d'éléphants découverts dans cette partie de la Russie. Le corps de celui-ci est en parfait état. L'animal avait environ un an lorsqu'il est mort et il fut appelé Dima, nom de la rivière qui passait à proximité du site où fut retrouvé le corps.

QUIZ

1. À quel âge est mort Dima ?
2. Quel animal est associé à la déesse Bastet ?
3. Qu'a découvert Charles Sternberg ?
4. Les Égyptiens momifiaient-ils les crocodiles ?

1. À un an.
2. Le chat.
3. Une momie de dinosaure.
4. Oui.

89 La plus vieille momie est celle d'un dinosaure. Il s'agit du fossile d'un edmontosaure retrouvé dans le Wyoming aux États-Unis, en 1908. Ce dinosaure est mort il y a 65 millions d'années mais, au lieu de se transformer en squelette, son corps a été séché par le soleil. Lorsque le chasseur de fossiles américain Charles Sternberg le trouva, la peau et les organes étaient fossilisés tout comme les os.

▲ Cette grenouille a été momifiée naturellement en 2006 après être morte dans un pot de fleurs. Le soleil l'a séchée.

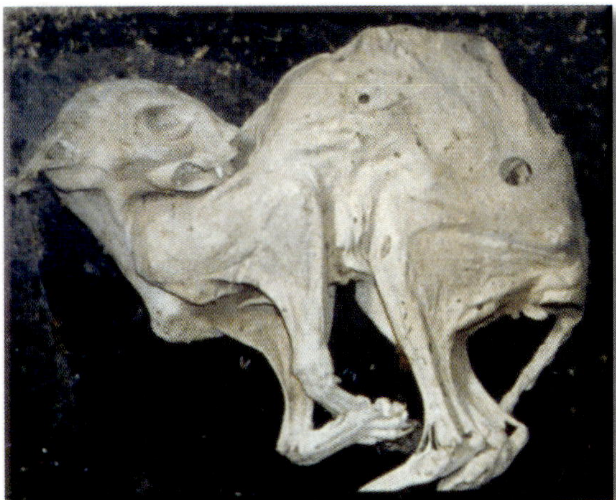

▲ Ce chat momifié fut découvert en 1971 à Sudbury, dans le Suffolk au Royaume-Uni. Il avait été emmuré dans un ancien moulin pour protéger le bâtiment du mauvais sort.

90 Les chats furent embaumés pendant des milliers d'années. Dans l'Égypte ancienne, les chats étaient associés à la déesse Bastet. Ils étaient élevés pour être sacrifiés en offrande dans les temples. En Europe, des momies de chats ont été retrouvées dans les murs de vieilles maisons. On pensait alors qu'un chat pouvait porter chance. Ainsi, des cadavres de chats étaient emmurés et séchaient pour se transformer en momie naturelle.

Des histoires de momies

91 **La rumeur de la malédiction commença en 1923.** Une lettre publiée par un journal londonien annonçait que les personnes impliquées dans les fouilles des tombes de pharaons seraient maudites. La tombe de Toutankhamon venait juste d'être découverte et les Londoniens semblaient croire à la sorcellerie. La lettre confirma leurs craintes. C'était en fait un coup monté !

92 **Les momies n'ont jamais été utilisées pour faire des journaux !** Une histoire raconte que les bandes de lin retirées des momies servaient à fabriquer du papier. Plus tard au XIXe siècle, la rumeur courut qu'un journal américain avait été imprimé sur du soi-disant « papier-momie ». C'était bien évidemment faux.

▼ L'ouverture du sarcophage de Toutankhamon par Howard Carter fut à l'origine de la malédiction.

93 Ce n'est pas une momie qui a fait sombrer le Titanic en 1912. Au British Museum, à Londres, un couvercle de cercueil égyptien est exposé. Il s'agit de celui de la « momie malchanceuse », ainsi nommée car on pense qu'elle était envoûtée. Le journaliste anglais William Stead était à bord du Titanic lorsque celui-ci coula. Pendant la nuit du naufrage, il raconta une histoire sur la momie malchanceuse et, selon certaines personnes, cela attira la malédiction sur le navire.

▼ Le film **Le Retour de la momie**, sorti en 2001, utilisait de nombreux effets spéciaux à donner la chair de poule.

▼ Extrait du film **La Momie** (en 1932). Boris Karloff jouait le rôle de la momie d'Imhotep (à gauche).

94 Les momies sont devenues des stars du cinéma. Le premier film de momies date de 1909 et était intitulé « La Momie du roi ». C'était un film muet en noir et blanc. Depuis, de nombreux films de momies ont été réalisés. L'un des plus effrayants est « La Momie », de 1932, avec Boris Karloff dans le rôle principal.

95 En 1827, on publiait déjà des livres sur les momies. Jane Loudon raconte dans « The Mummy ! » une histoire de science-fiction dont l'action se déroule en 2126. Beaucoup d'autres récits de momies ont été écrits depuis, dont certains pour les enfants. Jacqueline Wilson a publié « Ma chère momie ! », qui relate l'histoire d'une petite fille qui voulait embaumer son chat mort.

QUIZ

1. Y avait-il une momie à bord du Titanic ?
2. Dans quel film de momie joue Boris Karloff ?
3. Qu'est-ce qui démarra en 1923 ?
4. Qui a écrit Ma chère momie ?

1. Non.
2. La momie.
3. La malédiction de la momie.
4. Jacqueline Wilson.

Les momies de nos jours

96 On trouve à Moscou, en Russie, comme à Pékin, en Chine, des momies modernes. Lorsque Vladimir Ilitch Lénine est décédé, son corps fut momifié et exposé à Moscou. La même chose eut lieu en Chine en 1976 à la mort de Mao Zedong. Les corps de ces deux chefs d'État ont été préservés dans un souci de mémoire pour la population de leur pays respectif.

▲ La momie de Lénine est toujours exposée à Moscou, en Russie. Le corps a été préservé grâce à une technique secrète.

97 Le corps de l'épouse d'un homme politique a également été momifié. Eva Perón était mariée au président argentin Juan Domingo Perón. À sa mort, en 1952, son corps fut embaumé. En 1955, lorsque le gouvernement argentin fut renversé, la momie d'Eva fut expédiée en Europe. Elle fut renvoyée en Argentine en 1974 pour y être enterrée.

INCROYABLE !

Lorsque l'artiste britannique Edward Burne-Jones apprit que sa peinture était élaborée à partir de restes de momies, il enterra le tube et décora la « tombe » de marguerites.

98 En 1994 aux États-Unis, un homme âgé fut momifié. Une équipe d'experts devint la première des temps modernes à embaumer un humain à l'aide des techniques de l'Égypte ancienne. Elle utilisa les mêmes outils. Les organes furent enlevés, le corps séché dans du natron puis enveloppé dans du lin.

99 Si tu as 50 000 euros à dépenser, tu pourras faire momifier ton corps après ta mort.

Aussi étrange que cela puisse paraître, une société américaine propose l'embaumement de type égyptien à ses clients. Bien sûr, cela coûte moins cher de momifier un chien ou un chat ou un animal domestique plus petit.

100 Les momies modernes d'animaux sont devenues des œuvres d'art.

L'artiste anglais Damien Hirst a récupéré des animaux morts comme des moutons, des vaches, des requins et les a conservés à l'aide d'un produit chimique spécial. Ces corps d'animaux ont ensuite été présentés dans des galeries d'art.

▼ Ce mouton préservé par Damien Hirst fut exposé à Londres en 1994.

Index